DU RAPPORT

SUR LE BUDGET

DES DÉPENSES.

> Les principes de notre ordre poli-
> tique, font un devoir (*à la couronne*),
> de conserver sa prérogative pleine et
> entière. (*Rapport*, p. 3.)

PARIS,

A. PIHAN DELAFOREST,

Imprimeur de Monsieur le Dauphin et de la Cour de Cassation,

RUE DES NOYERS, N° 37.

1829.

« L'importance toujours croissante de l'industrie, dans
« nos temps modernes, est un fait dont l'évidence frappe
« tous les esprits. Affranchie des entraves qui gênaient
« son essor, elle est devenue un élément social du premier
« ordre, ou plutôt *elle est la société elle-même*, dans son
« principal mode d'action. » (*Rapport sur le budget des
dépenses*, pag. 29).

De telles paroles prononcées par un homme de mérite,
commandent l'attention.

Les siècles emportent tout dans leur tourbillon : les
siècles roulent sur eux-mêmes, offrant les phases les plus
contrastantes.

La France a tenté de la liberté, a passé à travers la
gloire : C'était le mouvement d'ascension.

La liberté, la gloire se sont évanouies : le pays déchu,
s'est adonné, s'est asservi au culte de l'industrie.

Et sous les bannières de la concurrence, s'installe le
monopole : sous le manteau de la philantropie, ressuscite
la glèbe (1).

Quant à la royauté, quant à la propriété, quels doivent être leurs destins, *si l'industrie est la société?*

Quel doit être le sort de l'industrie même ? Indépen-
dante elle s'est fait tant de mal : que fera-t-elle souveraine ?

---

(1) Voyez *Les nouveaux principes d'économie politique*,
par M. de Sismondi, chez Delaunay.

C'est le même jour qu'ont été livrés à la publicité, le rapport sur le budget des dépenses et le pamphlet sur le vote de l'impôt : le premier auquel l'examen des dépenses sert d'occasion pour travailler à rendre le système politique plus libéral ; le second, auquel le néant des épargnes n'a permis d'autres vœux que de rendre le système économique plus libéral : celui-là qui sera lu par tant de gens, dont l'esprit borné ou passionné n'y gagnera qu'un surcroît de haine contre l'autorité et de tendance à l'anarchie ; celui-ci qui ne sera lu que par peu de personnes, dont le bon sens, au cas qu'elles en soient douées, se fortifiera d'autant dans les sentimens de confiance et d'attachement à l'ordre monarchique : l'un et l'autre que la révolution d'une année solaire ou plutôt d'une seule lune, retranchera et rejetera du domaine de la pensée, avec cette différence que le rapport qui surgit non sans quelque ambition d'effacer ses devanciers, s'évanouira à l'apparition d'un nouveau trait de lumière ; au lieu qu'à l'égard du pamphlet qui se rallie à la fois aux leçons du passé et aux présages de l'avenir, bien qu'il n'en reste aucune trace dans la mémoire, ses principes seront mis peu à peu en exécution, à mesure que la routine déja caduque succombera sous le faix des ans, et que des manies de vaniteuse origine et de conséquences monstrueuses, auront cédé à l'annonce ou à la suite des désastres.

La part de l'éloge plaît à faire. Si le sujet ne se prête pas aux longs discours, de dignes paroles se rencontrent à peine quant au mérite.

Dans ces temps d'égarement, sous le rapport de l'établissement religieux, il est beau, il est noble d'adopter purement et simplement les augmentations demandées pour les affaires ecclésiastiques.

En ces temps mi-partie d'enivrement, mi-partie d'hébêtement, sous le point de vue du commerce, il est peut-être plus louable encore de proclamer le principe que les douanes ont pour premier but de produire à l'Etat d'abondans revenus : comme aussi d'inviter à réunir l'agriculture aux attributions du ministère nouvellement créé, lequel ne doit pas être, sauf qu'il soit le ministère de l'économie publique ou de la richesse nationale.

Ce n'est pas tout : des actions de graces sont également dues pour la franchise et la loyauté, qualités si rares en fait de chiffres, avec lesquelles il a été déclaré que l'administration générale n'absorbait que 420,000,000, dont la guerre et la marine consomment les trois cinquièmes.

D'où il devient constant que les frais de gouvernement proprement dits, comme il a été exposé dans le pamphlet, sont plus faibles que dans les temps anciens, sont plutôt au-dessous qu'audessus du nécessaire.

D'où il semblerait raisonnable de ne pas poursuivre avec tant d'opiniâtreté, la futile , la trompeuse prétention des économies, dont le glaive suspendu sur toutes les existences, abat les esprits, blesse les cœurs.

Ici, s'ouvre la carrière des erreurs, lorsque *la somme de* 128,000,000 *à laquelle s'élèvent les frais de recouvrement de l'impôt*, a été ajoutée aux dépenses susceptibles de réduction : car parmi une peuplade fort éparse et peu aisée, ces frais n'excèdent pas comparativement ceux du riche et compact pays britannique ; et comme les recettes en dépendent dans une proportion souvent décuple, il y a dix fois plus de chances funestes que favorables à les diminuer.

Du reste, sur les 420,000,000 des dépenses de gouvernement, les retranchemens montent, sous la déduction des deux millions d'un semestre de rentes non émises, à la somme de 2,200,000 francs

En mettant à l'écart les 3oo,ooo francs enle-
vés aux receveurs et payeurs, qui pourraient être
taxés, au double, au triple, etc., et les 1oo,ooo
francs ôtés au conseil-d'Etat qui enfin devrait
recevoir une organisation fixe quant au nombre
et quant au pouvoir; la totalité des économies ou
épargnes ou comme il plaira de les nommer, se
range sous deux catégories.

D'abord, il a été distrait sur certains services,
généralement en sommes rondes : ce qui ne peut
avoir pour effet que d'entraver leur exercice
pour le moment, que d'ajourner les dépenses à
l'an prochain et à la fois, de rendre le service
moins profitable, de rendre la dépense plus coûteuse.

Puis, il a été rogné et limé sur les employés de
toute classe, en faisant comparaître à la barre
de la commission, non pas les personnes pour
être ouïes, non pas les mérites et les travaux pour
être appréciés, mais seulement le chiffre du traitement, à l'effet de le frapper d'une amende.

Sans doute parce que les agens de l'Etat font
fortune et roulent carrosse et tiennent table ou-
verte, à l'instar de tant d'autres qui seuls y ont
droit : ce qui ne mène à d'autre fin, que d'expul-
ser de l'administration publique, et le talent et
l'honneur et le zèle, également méconnus ou
méprisés, de les repousser dans les rangs de la

spéculation et de l'opposition , d'affaiblir les moyens de maintenir l'ordre social , et d'accroître en même raison les forces vouées à le troubler, à le renverser quelque jour?

Sous le second titre, se rapportent les soustrac-tions suivantes :

JUSTICE.

Administration centrale..... . 6,000 fr. »

AFFAIRES ÉTRANGÈRES.

Administration centrale.... 70,000 »
Agens politiques.......... 121,000 »
Agens consulaires.......... 29,000 »
Agens en inactivité........ 100,000 »

INTÉRIEUR.

Administration centrale..... 51,000 »
Administration des travaux publics.................... 87,000 »
Analyseur d'eaux minérales. 4,000 »
Traitement des préfets......
    ci........ 205,000
Sous la restitution de 155,000
    —————
    50,000 50,000 »

Transport................ 517,000 fr. » c.

Report................. 517,000 fr. » c.

GUERRE.

Administration centrale......	44,000	»
Ingénieurs géographes........	23,000	»
Recrutement................	68,000	»
Indemnité de route.........	51,000	»
Dépôt de la guerre.........	54,000	»

MARINE.

Administration centrale.....	40,000	»
Amirauté..................	30,000	»
Gardiens et portiers........	5,700	»
Directions forestières	27,000	»
Administration des hôpitaux.	16,500	»
Administration des vivres...	2,500	»

FINANCES.

Liquidation des colons......	35,000	»
Administration du timbre....	6,600	»

Total. 920,300 fr. » c.

Au sujet de quoi, il faut demander comment la commission s'est trouvée douée à l'improviste, du don de sagacité et de perspicacité, au point d'acquérir la parfaite conviction que les agens sont trop multipliés, trop rétribués, et que les longs services, la jouissance acquise, ne sont d'aucun poids, et que les économies ne seront pas opérées en sens inverse des droits et des ressources.

Sous le premier titre, se présentent les déductions suivantes :

AFFAIRES ÉTRANGÈRES.

Frais de service...........	100,000	»
Dépenses diverses.........	120,000	»
Missions extraordinaires.....	100,000	»

INTÉRIEUR.

Construction des lazarets....	100,000	»
Etablissemens thermaux....	29,000	»

GUERRE.

Effets de campement.......	40,000	»
Hôpitaux militaires.........	92,000	»
Convois militaires..........	36,000	»
Transports généraux.......	17,000	»
Poudres et salpêtres.......	150,000	»

MARINE.

Dépenses diverses.........	40,000	»
Total.	824,000 fr.	» c

Sur lesquels objets, il n'y a plus à s'enquérir des puissances intellectuelles de la commission, mais bien à s'émerveiller de cette impassibilité, de cette imperturbabilité de caractère, vraiment supérieure à la nature humaine, qu'elle affiche au mépris de ce vieil adage, que l'argent est le nerf du gouvernement, en taillant et tranchant dans le budget spécial de tant de services de sorte matérielle : toute satisfaite, toute glorieuse ce semble, d'obéir aux suggestions occultes d'une conscience quelque peu timorée, et pas du tout émue ni troublée de la crainte qu'avec moins de fonds, il soit fait moins de besogne, et que pour une misère d'épargne, il y ait au bout de l'an, à consentir d'énormes sacrifices, ou même à subir des pertes irréparables.

Qu'on batte des mains, de l'un à l'autre pôle du pays? 1,800,000 francs en trente-trois fractions, ont été enfin sauvés de la rapacité des bureaux les plus mesquinement payés, ou gagnés sur la prodigalité des services les plus sordidement dotés.

Or donc que personne ne se plaigne plus, ne souffre plus surtout? il y aurait mauvaise volonté : c'est trop clair.

Incontinent, il faut que les récoltes reviennent en abondance et pourtant restent au même cours ; il faut que les vendanges s'opèrent en triple dose et s'écoulent à double prix. Et pourquoi ne serait-il pas donné aux fabricans de coton et de sucre, ainsi qu'il advenait à Deucalion en jetant des cailloux derrière lui, qu'à chaque mètre, qu'à chaque kilogramme tombé de trop sur le marché, il surgit du néant, quelque consommateur équivalent.

Mais la chambre va peut-être recuser la moitié ou les trois quarts des largesses offertes par la commission !

Mais, après qu'il a été reconnu, dans le rapport même, que la *suppression de vingt-quatre maréchaux de camp n'a produit, pour le trésor, qu'une assez faible économie, et qu'il y avait lieu, dans l'intérêt du service public, de restituer les* 155,000 *francs retranchés aux abonnemens des Préfectures;* peut-être la session prochaine doit reconnaître aussi, entre tant d'objets plus ou moins passibles du blâme tardif de l'expérience, qu'à l'égard des affaires étrangères, par exemple, sorte de sphère relevée au-dessus de la portée commune; ce fut bien au hasard qu'il a été tiré hors ligne, sous le signe négatif, savoir : 320,000 f. aux dépens des employés, et 320,000 fr. au détriment des emplois.

N'importe ! la commission a fait son devoir; rien ne peut l'atteindre : *montons au capitole,* voilà le dernier cri du dernier membre, en poussant la porte.

Passons vite le détroit et allons recevoir la leçon, dans un pays, où si le coût a fort dépassé le prix, du moins le régime constitutionnel s'efforce à offrir quelques compensations positives, sur un sol dignement surnommé la terre classique de la liberté, puisque cette faveur extrême de la civilisation, en ce point analogue aux œuvres des génies de l'antiquité, tandis que les grands enfans d'Etats du continent, se jettent d'écart en écart, et passent de l'un à l'autre excès, s'y est implantée immuablement, inaltérablement.

En Angleterre, où l'administration intérieure et coloniale s'entretient de ses ressources propres, où les dépenses ordinaires sont assignées fixement sur le fonds consolidé, où la liste civile est chargée des dépenses diplomatiques, que se fait-il?

Rien autre chose que de présenter aux chambres, presqu'à la moitié de l'exercice courant, sauf la demande d'un crédit provisoire, et cela pour chaque service, à des époques diverses, au moment le plus opportun, les estimations (*estimates*) de la marine, de la guerre, de l'artillerie, avec la seule indication de la somme en livres sterlings, et du nombre des matelots, des soldats : sur quoi, il n'y a peut-être pas d'exemple qu'une réduction ait été opérée, et jamais il n'y eut d'examen qu'au sujet du nombre de bouches à

(15)

nourrir, d'épaules à couvrir; les gens d'Albion
ne concevant pas qu'il dût être en leur pouvoir,
qu'il pût être dans leurs moyens, de peser la dose
d'alimens, et de mesurer l'aune d'étoffe, juste-
ment au point de ne nourrir, de ne couvrir, ni
trop peu, ni trop surtout.

En sommes-nous donc loin? Depuis quinze ans,
et pour dire vrai, à prendre date de la chambre
de 1815, qui a donné au monde la preuve in-
signe que le dévouement, que la droiture, ont
d'autant plus besoin de prudence et de sagacité ;
qu'on relise tous les rapports, et qu'on lise le
dernier.

Il faut parcourir les critiques ou méticuleuses,
ou malencontreuses, que viennent d'y essuyer,
tant de branches capitales, tant de faibles ra-
meaux de l'administration de l'Etat; non sans reconnaître la sagesse, la justice, la convenance,
d'un grand nombre des conseils donnés aux
ministres.

AFFAIRES ÉTRANGÈRES.

Inutilité de quelques consuls généraux ;
Abolition du traitement en disponibilité ;
Réduction des frais de service ;
Réduction des missions extraordinaires ;
Inutilité de la commission de liquidation.

Guerre.

Diminution de l'armée permanente;
Institution de larges réserves;
Pas de besoin d'avoir vieilli sous les drapeaux;
Entretien de l'esprit de la cité dans les camps;
Et de l'esprit des camps dans la cité;
Inutilité de l'aumônier du ministère;
Réduction du chiffre de la maison militaire;
Examen sérieux des capitulations;
Réduction relative de la solde des Suisses;
Frais plus hauts pour une armée moins homo-
gène;
Organisation de la garde royale trop coûteuse;
Un régiment d'artillerie trop nombreux pour ce
corps;
Abandon du plus grand nombre des places fortes;
Construction de grandes places d'armes;
Réduction sur les effets de campement;
Et sur les transports, sur l'indemnité de route;
Dépenses trop considérables des hôpitaux;
Décision contre la régie des poudres et salpê-
tres;
Faible utilité de Saint-Cyr et réduction;
Inutilité de la Flèche et suppression;
Inutilité des ingénieurs géographes;
Et des équipages militaires;
Inconvenance de retirer les croix aux familles.

MARINE.

Amirauté et hôpitaux à réduire ;
La Chaussade et Indret à détruire.
La moyenne des traitemens trop élevée.

FINANCES.

Perception des impôts trop chère à 11 pour 100 ;

Réduction sur les frais de douanes à 15 pour 100 ;

Et sur les frais des taxes indirectes à 15 1/2 pour 100.

Ne voilà-t-il pas, surtout quant à l'armée, un travail largement, profondément conçu ; tel que le conseil de cabinet, renforcé par le conseil d'État, et appuyé sur le conseil de la guerre, d'après les sollicitations des chefs de service, après l'investigation des chefs de bureau, à la suite de conférences réitérées, en conséquence d'un assentiment unanime, n'oserait peut-être pas le produire au jour.

Ne voilà-t-il pas un travail, évidemment fait en conscience, car dans la situation isolée de ses auteurs, il n'a pu être fait selon la science ; un travail évidemment dicté par une intime conviction, par une conviction intuitive où du moins instinctive, attendu que les bases manquaient pour fonder la conviction rationnelle.

Mais comment quelqu'un a-t-il pu supposer que sous le régime constitutionnel, où de droit dit-on, la majorité de la chambre élective, fait la loi au cabinet et même à la couronne; où de fait comme on voit, la susdite majorité ineffablement investie de génie, de sagesse, de loyauté, et par compensation sans doute, incessamment sujette à sauter de droite à gauche et de gauche à droite, non sans passer quelqu'instans de stage sur les bancs du centre, vote tour à tour et le blanc et le noir; il puisse passer par la tête, à tel homme d'État que ce soit, de réformer tout aujourd'hui, à la charge de tout rétablir demain.

Dès lors à quoi cela mène-t-il? si non à jeter sur ce sol mouvant de France, si preste à accueillir les funestes semences, si hatif à murir le fruit empoisonné, des germes renaissans de plainte et de reproche, de prévention et de défiance, peut-être même de haine et de répugnance, devers l'autorité suprême qui seule à le besoin essentiel, et seule a les moyens efficaces, de garantir le repos, la gloire, le bonheur du peuple français.

Cependant, et à dieu ne plaise que le moindre doute s'élève sur ce point, c'est le maintien de l'ordre actuel que chacun veut, que tout le monde veut : simplement la dissidence éclate, entre l'être qui veut cela comme cela se peut, et l'être qui le veut comme il ne se peut.

Or, la dissidence est au degré le plus extrême, à l'occasion de deux passages qui se rallient de l'exorde à la peroraison et dont l'esprit s'exhale ce semble, à chaque phrase comprise dans cet intervalle.

EXORDE.

« Les plus sûrs remèdes d'une pareille situation sont entre les mains du ministère. *Qu'il se relève* et relève avec lui la France entière de l'engourdissement qui paralyse le développement de la force et de la richesse nationale ; qu'il ranime les espérances qui l'avaient accueilli et soutenu ; que la charte soit enfin la religion politique de tous ; que les droits qu'elle consacre et les limites qu'elle pose, soient inviolablement respectés : et alors renaîtra, avec une nouvelle force , ce sentiment précieux de la confiance qui fortifie le bien par l'idée de sa durée et adoucit les peines en en montrant le terme. » (page 2.)

PERORAISON.

« La France est toujours la terre favorisée du ciel : l'industrie et l'activité française sont sorties victorieuses d'épreuves bien plus difficiles......
Que manque-t-il donc à notre belle patrie, à sa

2

prospérité présente, et à la sécurité de son avenir? Nous le répétons avec une loyauté qui ne sera pas méconnue; *il faut à la France* une administration qui commande la confiance par la fixité de ses principes et la fermeté de sa marche ; il lui faut un gouvernement qui comprenant sa haute mission, se mette à la tête et prenne l'initiative de toutes les institutions utiles et de toutes les réformes. C'est là, Messieurs, la base d'une prospérité financière durable, la seule voie des véritables économies. » (page 56.)

Qu'il se relève. . . . . . . *Il faut à la France*. . . . . La variante est tranchée : la plume s'est échauffée à tracer le grand œuvre de la refonte de l'État : elle a passé de la réprimande à la correction.

Au premier abord, ne songeant qu'à l'ordre présent des choses, il semblait que le ministère, pour peu qu'il se releva de son gré, était capable de remplir l'office : au terme final, jetant un regard sur le plan de renovation, il a été vu clairement, que même au cas qu'il fût relevé de force, le ministère serait inhabile à accomplir la tâche.

« *Il faut à la France une administration qui*. . .
Il lui faut un gouvernement qui. . . . .

Au triste aspect de la crise industrielle et commerciale, la commission ne sachant trop où chercher la cause, où trouver le remède, se décide à faire du changement de l'administration, soit dans sa marche, soit dans ses membres, le *sine quá non* du développement de la force et de la richesse nationale, de l'établissement d'une prospérité financière durable.

Accourez tous, et vous, hommes des champs, qui avez souffert long-temps, et vous, gens des vignobles, qui souffrez maintenant, et vous, personnes de la fabrique, qui avez souffert, qui souffrez encore : il n'y aura pour vous tous que joies et jouissances sur cette nouvelle terre promise, à dater du jour où le ministère ranimera les espérances qui l'avaient accueilli et soutenu, où le gouvernement se mettra à la tête et prendra l'initiative de toutes les réformes.

On comprend assez dans quel sens les espérances doivent être ranimées, dans quel sens l'initiative doit être prise.

Mais on n'entend pas bien comment, pour amener cette averse de faveurs à descendre sur le sol altéré, il faille au préalable que la France soit *relevée* de l'engourdissement qui paralyse ses moyens et que le sentiment de la confiance *renaisse* avec une nouvelle force.

D'autant que le rapport semble se répondre à

lui-même sur ce dernier point, en déclarant qu'une expérience de cinq années nous a prouvé que la baisse de l'intérêt des fonds publics était désormais un fait stable et permanent, que des malheurs publics pourraient seuls altérer. (Page 9.)

D'autant qu'à l'égard du premier point, une autorité secondaire, à la vérité, le Courrier anglais, s'est permis de réfuter l'assertion avant qu'elle fût avancée :

« Les nouvelles de France, d'Allemagne, d'Irlande et d'Angleterre sont relatives à la stagnation du commerce et à la détresse qui en est la conséquence. Cette existence simultanée de détresse est extraordinaire..... La stagnation du commerce et des manufactures semble être presque européenne : vainement on l'imputerait au gouvernement des divers pays qui agissent d'après des principes différens et qui sont guidés par des lois différentes. » (*Messager des Chambres du 27 avril.*)

Et pourquoi donc courir à travers de nouveaux hasards, après le sentiment précieux de la confiance, dont le signe de graduation est à un degré qui ne fut jamais atteint, sur l'échelle suprême de la cote des fonds ?

Pourquoi donc tenter de relever la France, par quelque coup de fouet, de cet engourdissement qui, au lieu de paralyser les forces vitales, repose au contraire des fatigues et nourrit des forces nouvelles ?

La commission s'est laissée entraîner à la plus grave erreur : une fois que l'ornière est creusée, rien n'est difficile comme de s'en tirer et de reprendre le droit chemin.

On se rappelle les habitudes de forfanterie de cet homme, que jamais n'absoudra l'oubli même.

La guerre d'Espagne avait-elle été favorisée par l'étoile renaissante des Bourbons ? c'était l'astre morne et trouble, lancé des bords de la Garonne, que couronnaient les destins.

L'ascendant de la paix, l'essor des esprits avaient-ils fait éclater sur l'horizon commercial, les phénomènes les plus brillans, les plus décevans ? alors que la foi récoltait et que l'espérance semait, c'était les sublimes prévisions du ministre dont les résultats se développaient.

Ne blâmons pas : l'empire de l'exemple, la tendance à l'imitation sont venus renforcer cette disposition trop commune à l'esprit humain, de supposer des causes quand elles lui sont inconnues, et d'attribuer aux actes apparens, les effets qu'il ne conçoit pas.

Il vaut mieux essayer de soulever un coin du voile dont est enveloppé le périlleux avenir.

Qu'entend-on par ces paroles ?

« La balance des pouvoirs et tout le système

de notre gouvernement reposent évidemment sur le vote des recettes et des dépenses. La force défensive de la Chambre est toute entière dans l'exercice du droit d'allouer ou de refuser l'impôt. Les principes de notre ordre politique, d'accord avec les plus hautes considérations d'intérêt financier, vous font donc un devoir de conserver votre prérogative pleine et entière. » (Page 3.)

D'abord, c'est vague ; puis c'est faux : enfin c'est désastreux, c'est intolérable.

Non, le système du gouvernement ne repose pas évidemment sur le vote des recettes et des dépenses; car le mot de dépenses, ni même le mot de recettes ne se rencontrent dans la Charte ; et seulement il y est exprimé que la Chambre des Députés reçoit toutes les propositions d'impôts, qu'aucun impôt ne peut être établi ni perçu, s'il n'a été consenti par les deux Chambres.

Non, la force défensive de la Chambre n'est pas toute entière dans l'exercice du droit d'allouer ou de refuser l'impôt : attendu, sans qu'il faille exposer ses autres moyens d'influence et de résistance, que la force défensive n'aurait à se développer que contre la force agressive, et que la force offensive, plutôt que la force défensive, viendrait se manifester par le refus de l'impôt.

Non, les principes de notre ordre politique ne font pas à la Chambre un devoir de conserver sa prérogative pleine et entière ; puisque la Chambre ne possède, soit envers la nation, soit devers la royauté, qu'un pouvoir conféré et délégué, et non pas une prérogative essentielle, inaltérable ; puisqu'il n'y a point à conserver, ni une prérogative, ni un pouvoir, qui est encore à définir, à déterminer, suivant les leçons de l'expérience.

Bien loin que la balance des pouvoirs repose sur le vote des recettes et des dépenses, sur le droit du refus de l'impôt ; au contraire, elle ne peut être faussée que par le mode abusif du vote des dépenses, dont la faculté n'est point déduite du langage, n'est induite que du silence de la Charte ; au contraire, elle ne pourrait être renversée que par l'acte arbitraire du refus de l'impôt, dont la possibilité est restée étrangère aux prévisions, aux présomptions, même aux suppositions de la Charte.

Au jour de son origine, innocente et vierge encore, la charte a dit seulement que tout impôt serait consenti par les chambres : la charte a remis en vigueur, le droit du consentement à l'impôt ; la charte a entendu la nouvelle prescription, dans le sens de la tradition antique. Les mots tracés sur la feuille de papier, jusqu'alors privés d'expression, attendaient que l'esprit leur fût transmis des souvenirs de l'histoire, depuis les

champs de Mai et la grande charte et les Etats généraux, jusqu'au parlement de Paris et aux États
de provinces.

C'est-à-dire, que maintenant comme autrefois,
on doit se borner quant au vote des dépenses,
aux conseils, aux plaintes, aux remontrances, sauf
dans le cas d'une obstination prolongée, à s'élever
contre le ministère même; et qu'on peut se porter
quant au refus de l'impôt, jusqu'à repousser telle
taxe inique ou nuisible, en offrant de la rempla-
cer par quelqu'autre, sauf au cas d'une conduite
révoltante, à mettre en jugement, les ministres
mêmes.

Ceci est à observer : toutes les fois qu'il y a besoin
impérieux, de se prononcer contre la marche du
gouvernement, il y a égal moyen, il y a libre
choix, ou d'attaquer les personnes non sans mé-
nager la chose, ou d'ébranler la chose afin de renverser les personnes : et certes, la sottise ou la
lâcheté, ou la perfidie seraient seules tentées de
préférer cette dernière voie à la première.

La commission a posé des principes sans présu-
mer les conséquences : il suffit d'en avoir fourni la
preuve.

Ici, s'offre à la pensée, le nœud de la question
politique, qu'il y aurait péril à trancher de vive
force, soit d'un bord soit de l'autre, et qu'il n'est
donné qu'à la puissance ineffable du temps,

de débrouiller , de relâcher à un certain point.

La charte est libellée par écrit, est rédigée en peu de lignes : et qui ne sait que la législation, la jurisprudence si profondément conçues, si longuement commentées, souvent se montrent dans leur texte, équivoques ou inhabiles à l'appel des circonstances; ne persistant encore, ne se survivant à elles-même, que par l'esprit.

L'esprit seul vivifie : l'esprit seul est capable d'éclairer, d'éclaircir la lettre.

L'esprit de la charte est-il monarchique ? Voilà tout.

Or, que les ministres soient conseillés et blâmés, soient poursuivis et punis ! Rien de mieux.

Mais que les chambres ne se fassent pas ministres ! car qui donc les conseillerait et les blâmerait ? Qui donc les poursuivrait et les punirait ?

Et la légalité étant impuissante, sans que l'idée en vint à personne, un coup d'état se ferait de lui-même.

Il y a un terme à tout : et chaque écart y pousse, quelque excès y jette.

Il n'est pas sans intérêt de transcrire ici le passage du journal officiel anglais, cité page 20, qui n'a été rapporté en entier que par le *Messager des Chambres.*

« Les nouvelles directes que nous avons reçues de la France ou de l'Allemagne, de l'Irlande, d'Ecosse, et des différens points d'Angleterre, sont relatives à la stagnation du commerce et à la détresse qui en est la conséquence. Cette existence simultanée de détresse est extraordinaire et presque sans exemple dans l'histoire des nations. Le commerce n'avait été que partiellement atteint jusqu'alors. Une nation avait souffert de différentes causes, mais le mal n'était relatif qu'à cette nation. D'autres étaient florissantes tandis qu'elle déclinait. Mais la stagnation du commerce et des manufactures semble être presque européenne aujourd'hui ; vainement on l'imputerait aux gouvernemens des différens pays qui agissent d'après des principes différens et qui sont guidés par des lois différentes. Si un pays, agissant d'après un système, éprouvait une grande crise commerciale, un autre pays, gouverné par un système contraire, pourrait ne pas s'en ressentir : il n'en est pas de même aujourd'hui. Les uns et les autres souffrent également. Si nous avions été en guerre, nous aurions attribué cette stagnation aux conséquences de la guerre ; mais depuis près de quinze ans, nous goûtons les fruits d'une paix non interrompue avec la France, la Hollande l'Espagne et enfin avec le monde entier. Durant cette période, on peut dire que le commerce a découvert un nouveau monde, l'Amérique du sud, quoique jusqu'alors on ne sache pas précisément si cette découverte a été aussi favorable au commerce qu'on l'avait prévu. Elle a donné lieu à des projets et à des spéculations illusoires ; elle a diminué notre capital par les emprunts qui ont été faits sur différens États de l'Amérique du sud, et qui ne sont pas encore remboursés. Malgré cet intervalle de paix, une stagnation aussi générale qu'alarmante se fait vivement sentir. Si nous l'attribuons à une surabondance de population, on pourra répondre qu'un accroissement de population peut être suivi d'un accroissement de besoins. L'amélioration des machines, qui serait un bien où la population ne serait pas surabondante, tend à accroître la détresse en diminuant la main-d'œuvre.

« L'amélioration des machines n'a été un avantage réel pour nous que tant qu'elle se bornait à ce pays, parce qu'elle nous mettait à même de fournir non − seulement notre population, mais celle des autres pays à des prix plus modérés que les articles qu'ils pouvaient fabriquer. Mais l'amélioration des machines est devenue générale en Europe et chaque pays désire se rendre ou être capable d'étendre ses exportations. De là un excès de production qui encombre les marchés étrangers. La consommation ne peut plus être proportionnée au produit ; les prix baissent, le fabricant obtient moins de ses marchandises, la vente est moins rapide. Il s'écoulera du temps, avant que le marché étranger ait besoin de ses nouveaux produits, et durant cet intervalle le fabricant est obligé d'avoir recours à deux expédiens : diminuer le prix de la main-d'œuvre et le nombre de ses ouvriers. Chaque nation de l'Europe désire ainsi, non-seulement étendre le monopole de son industrie, mais étendre la vente de ses productions à ses voisins, afin de faire pencher la balance commerciale de son côté. Mais le succès de ce système étant impossible, il en résulte nécessairement un équilibre entre l'importation et l'exportation de chaque pays.

A. PIHAN DELAFOREST,

Imprimeur de Monsieur le Dauphin et de la Cour de Cassation,
rue des Noyers, N° 37.

www.ingramcontent.com/pod-product-compliance
Ingram Content Group UK Ltd.
Pitfield, Milton Keynes, MK11 3LW, UK
UKHW020134080726
13614UKWH00005B/2233